Movimiento

Debra J. Housel, M.S.Ed.

Asesoras

Sally Creel, Ed.D.
Asesora de currículo

Leann Iacuone, M.A.T., NBCT, ATC
Riverside Unified School District

Créditos de imágenes: pág.8 (superior) NASA; pág.12 akg/Johann Brandstetter/Newscom; págs.8–9 dpa/picture-alliance/Newscom; págs.28–29 (ilustraciones) J.J. Rudisill; todas las demás imágenes cortesía de Shutterstock.

Teacher Created Materials
5301 Oceanus Drive
Huntington Beach, CA 92649-1030
http://www.tcmpub.com

ISBN 978-1-4258-4667-1

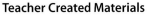

Contenido

¡Listos, a moverse!

Todo está en movimiento. Ves el movimiento cuando pateas una pelota. Sientes el movimiento cuando el viento sopla tu cabello. Oyes el movimiento cuando un avión ruge en el aire.

Incluso la Tierra está en movimiento. Gira mientras se mueve alrededor del Sol.

Este niño y la pelota están en movimiento.

La Tierra gira a cerca de 1,000 millas por hora. Es como diez veces más rápido de lo que puede moverse un automóvil.

El movimiento hace andar al mundo. Pero a veces, debemos detener el movimiento. Necesitamos que el autobús se detenga para que podamos subirnos. Los paracaidistas necesitan paracaídas para frenar las caídas. La **fricción** y el **arrastre** ayudan a las cosas a bajar la velocidad y a detenerse.

Fricción

La fricción es una **fuerza** que desacelera o detiene el movimiento. Sin ella, no podríamos caminar. El suelo sería demasiado resbaladizo.

La mayoría de los objetos en movimiento reducen la velocidad gradualmente y luego se detienen. La fricción es una fuerza que los desacelera. Piensa en cuando patinas. A medida que mueves los patines, las ruedas hacen presión contra el suelo. El suelo hace presión contra las ruedas. Debes seguir empujando para poder moverte. Si dejas de hacerlo, los patines andarán más lento y hasta se detendrán.

¡Huy!

La nieve tiene poca fricción. Por eso podemos deslizarnos con facilidad por la nieve con esquís o un trineo.

Las cosas que se mueven por el agua o el aire también van más lento. El arrastre es la **resistencia** del agua o el aire, que funciona como la fricción. Es mayor en el agua que en el aire.

¡Agítala!

La Luna no tiene aire, así que no hay movimiento del aire. Los astronautas deben agitar la bandera para lograr que ondule en la Luna.

Mientras más rápido se mueve un objeto, más arrastre tiene. Las personas que diseñan automóviles intentan reducir el arrastre. Diseñan la carrocería de manera que el aire fluya alrededor del automóvil.

Este automóvil está a prueba para ver cómo fluye el aire a su alrededor.

Una fuerza es un jalón, un empujón o un giro. La fricción y el arrastre son fuerzas que jalan. Para mover el carro del supermercado o pedalear la bicicleta, debes empujar. Para abrir un frasco debes girar la tapa.

No hay movimiento alguno cuando las fuerzas están en perfecto equilibrio. ¿Alguna vez has jugado al tira y afloja? Si un equipo es más fuerte, ese equipo gana. Si ambos son iguales, las fuerzas se neutralizan. Ningún equipo se mueve.

¡Cuando las fuerzas no están en equilibrio, hay movimiento!

Los caballos tiran el carro. Usan la fuerza.

Sir Isaac Newton

Las leyes del movimiento de Newton

Sir Isaac Newton fue uno de los mejores científicos del mundo. Vivió en Inglaterra hace muchos años. Vio una manzana caer de un árbol. Se preguntó por qué caen las manzanas de los árboles. Pensó al respecto. Se dio cuenta de que la gravedad era la causa. La gravedad es una fuerza. Atrae los objetos unos hacia otros. Los objetos más grandes ejercen más atracción que los más pequeños. Como la Tierra es enorme, atrae todo hacia el suelo.

Newton descubrió que la gravedad mantiene todo en su lugar. Pero también cumple una función importante en el movimiento.

Crecimiento

Los astronautas son un poco más altos en el espacio que en la Tierra. ¿Por qué? No hay gravedad y por eso los huesos se separan un poco y se relajan.

¡Los jugadores de hockey pueden pegarle tan fuerte a un disco, que lo hacen mover a más de 100 millas por hora!

La primera ley

En 1687, Newton escribió un libro. Escribió sobre las tres leyes del movimiento. La primera es la ley de la **inercia**. Dice que si un objeto no está en movimiento, se quedará así. También dice que cuando un objeto está en movimiento, seguirá moviéndose en la misma dirección y a la misma velocidad.

Si una fuerza actúa sobre un objeto en reposo, este se moverá. Si una fuerza actúa sobre un objeto en movimiento, este cambiará su dirección o velocidad.

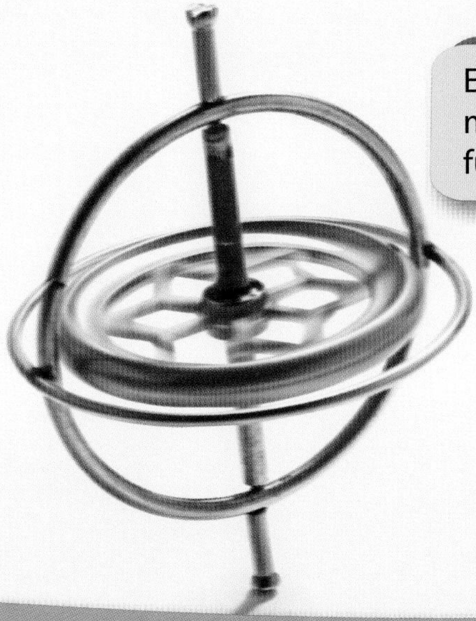

El trompo seguirá moviéndose hasta que una fuerza lo haga detenerse.

Leyes

Las leyes del movimiento no son como las leyes que los oficiales de la policía hacen cumplir. Estas leyes aplican en cualquier parte y para cualquier objeto del universo.

Piensa en una bola de boliche sobre una repisa. Está en reposo. Luego, tomas la bola y la lanzas por la pista. Ahora está en movimiento. Cuando la bola golpea los pinos, pierde velocidad. Hasta puede cambiar de dirección.

La inercia no es una fuerza. Es una **propiedad** que tienen todos los objetos. La **masa** es la cantidad de materia de la que algo está hecho. Cuanta más masa tenga un objeto, más inercia tendrá. La inercia es la razón por la que necesitas menos fuerza para levantar una caja vacía que para levantar una llena.

La segunda ley del movimiento dice que una fuerza puede desacelerar, acelerar o cambiar la dirección en la que se mueve un objeto. Aplicas esta regla cada día. Eliges cuánta fuerza usar para impulsar un columpio o golpear una pelota de béisbol.

Este niño usa la fuerza para mover el bate.

Cuando las personas juegan billar, usan un taco para golpear la bola blanca. Si quieren que la bola atraviese la mesa, usarán mucha fuerza. Una fuerza mayor ocasionará un mayor cambio en el movimiento. Si quieren que la pelota recorra una distancia corta, apenas la tocan con el taco.

Este niño usa la fuerza para mover el columpio.

La tercera ley

La tercera ley del movimiento de Newton dice que a toda acción siempre se opone una **reacción** igual. Las fuerzas trabajan en pares. Para despegar del suelo, un avión usa la fuerza de la sustentación. La gravedad jala el avión hacia el suelo. La sustentación y la gravedad son fuerzas opuestas.

Este avión usa la sustentación para despegar.

Tira y afloja

Cuando juegas al tira y afloja, sientes el jalón de la cuerda. El empuje de tus pies contra el suelo es la reacción igual y opuesta que evita que te caigas.

Descripción del movimiento

La velocidad es la rapidez con la que se mueve un objeto. Es la distancia que algo recorre en un tiempo dado. Imagina que vas en un automóvil a 45 millas por hora. Si nada causa que el vehículo acelere o desacelere, recorrerá 45 millas en una hora.

La **aceleración** nos dice cuánto cambia la velocidad de un objeto. Cuando el automóvil empieza a moverse, la presión hace que te quedes en tu asiento. Cuando el automóvil alcanza una velocidad estable, esto se termina. Ya no estás presionado contra tu asiento. Cuando el automóvil desacelera, tu cuerpo sigue moviéndose hacia delante. Empuja contra el cinturón de seguridad. Estos son los efectos de la aceleración.

Aceleración y masa

La aceleración se relaciona con la masa. Una pelota de ping pong rueda con el impulso de un dedo. Una pelota de baloncesto tiene más masa. Para que ruede a la misma velocidad, debes empujarla con toda la mano.

El **momento** es la masa combinada con la velocidad. Cuanta más masa y velocidad tenga un objeto, más momento tiene. Puedes ver el momento en acción en un partido de fútbol americano. Un jugador bloquea a otro. El jugador con mayor momento derrumba al otro jugador.

El jugador con el casco azul tiene más momento.

Una larga parada

Un tren de carga en movimiento tiene mucho momento. No puede detenerse con rapidez. Cuando el conductor frena, puede necesitar hasta una milla para detenerse.

El momento del automóvil azul era demasiado fuerte. El automóvil azul no pudo detenerse a tiempo.

Si has observado un automóvil después de una colisión, has visto los resultados del momento. El automóvil está abollado en el lugar del **impacto**. Si la colisión fuera entre un camión y un automóvil, el automóvil sufriría más daños. Es así porque tiene menos masa que el camión.

El movimiento puede causar accidentes. Pero el mundo sería aburrido sin él. Nada se movería jamás. Ni siquiera existirías. Los pulmones deben moverse para que respires. El corazón necesita bombear sangre. Necesitamos el movimiento para vivir y crecer. ¡Es fantástico estar en movimiento!

¡Hagamos ciencia!

¿Qué fuerzas puedes observar? ¡Obsérvalo por ti mismo!

Qué conseguir

- 1 huevo duro
- cronómetro o reloj

Qué hacer

1 Con cuidado, haz girar el huevo de lado. Observa el movimiento.

2 Con cuidado, vuelve a hacer girar el huevo. Usa un cronómetro o reloj para saber por cuánto tiempo gira. Registra el tiempo en un cuadro como este.

Tiempo de giro	
Prueba 1	Prueba 2

3 Haz girar el huevo un poco más rápido. Registra el tiempo que gira. ¿Qué ocurrió? Piensa en el modo en el que hiciste girar el huevo. ¿Cómo afectó el movimiento?

aceleración: la tasa a la que cambia la velocidad de un objeto en movimiento a lo largo del tiempo

arrastre: algo que desacelera el movimiento

fricción: una fuerza que desacelera el movimiento

fuerza: un jalón, empujón o giro de un objeto

impacto: la acción o fuerza de una cosa cuando golpea con otra

inercia: una propiedad de la materia en la que los objetos inmóviles permanecen en reposo y los objetos en movimiento continúan moviéndose a la misma velocidad, hacia la misma dirección

masa: la cantidad de materia (material) en algo

momento: la fortaleza o fuerza que tiene algo cuando se está moviendo

propiedad: un rasgo o característica de algo

reacción: una fuerza que se opone a una acción

resistencia: una fuerza que desacelera un objeto en movimiento

Índice

¡Tu turno!

Papeles que caen

Consigue dos hojas de papel idénticas. Arruga una hoja para formar una bola de papel. Párate en una silla o escalera y lanza ambos papeles al mismo tiempo. ¿Llegan al suelo ambos al mismo tiempo? ¿Qué fuerza está actuando?